다른 시선 2

슈퍼우먼 방지를 위한 페미니즘 매뉴얼

엠마 지음 | 강미란 옮김

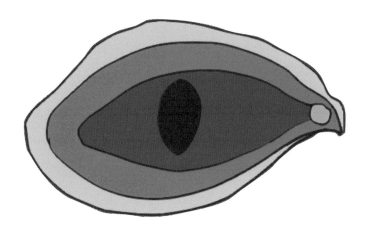

우리나비

차례

1

안 보려야
안 볼 수 없는
그 가슴을 보여 줘

내 이름은 아리안, 프랑스 사람이다. 우리 부모님도 프랑스 사람이고, 우리 부모님의 부모님도 프랑스 사람이다.

지금으로부터 10년 전. 공포의 분위기가 감도는 내 나라를 떠나 이곳 마리스탄에 정착했다.

얼마 후, 나처럼 이곳으로 이민 온 한 프랑스 남자와 결혼을 했고, 현재 우리는 두 명의 자녀를 두고 있다.

내 나이 만으로 46세. 처음에는 그렇게 멋지고 좋아만 보였던 이 나라. 이제 더 이상 나는 이곳이 내 집 같지가 않다···

나는 프랑스에서 나고 자랐다.

우리 집에서도 그렇고, 내가 아는 친구들의 집에서도 그렇고, 일종의 관습이란 게 존재했다.

이곳으로 이민을 오기 전까지는 단 한 번도 '왜 그럴까?'라고 생각해 보지 않았던 그런 관습들 말이다.

이를테면 이런 게 있겠다. 여름에 우리 집 남자들은 집에서 윗옷을 벗고 다닌다. 내 친구들의 가정에서도 마찬가지다.

아직 가슴이 자라지 않은 여자 아이들도 윗옷을 벗은 채로 논다. 하지만 나 같은 성인 여성들은
가슴을 가리기 위해 얇은 티셔츠 따위를 걸친다.

또 수영을 할 때는 수영복을 입는다. 위아래가 붙은 원피스 수영복도 있고,
브라와 팬티로 된 비키니 수영복도 있다. 여자들이 입는 수영복은 스타일도 다양하고 색깔도 다양하다.
수영복을 입으면 혹 가슴이 보이지 않을까 하는 걱정 따위는 접어 둔 채
물에서 신나게 놀 수도 있고 마음껏 헤엄칠 수도 있다.

나는 수영복을 입는 것이 일종의 억압이라고 생각해 본 적이 단 한 번도 없다.
물론 가슴을 가리는 수영복 착용이 마리스탄 사람들의 눈에는 말도 안 되는 미친 짓이라는 걸 잘 안다.
하지만 그렇다고 해서 이 관습을 항상 지켜 온 우리 부모님에게 문제가 있었던 적도 없고,
나 역시 행복하기만 한 어린 시절을 보냈다. 누군가가 나에게 내 몸이 더럽다고 한 적도 없고,
아이를 낳고 집안일을 하는 것이 나에게 주어진 유일한 미래라고 한 적도 없다.

마리스탄에 막 도착했을 때 나는 여성의 인권에 대해 이렇게까지 신경을 쓰는
나라가 있다는 사실에 정말 놀라고 감개무량하기까지 했다. 사람들은 나에게 여자의 젖꼭지가
남자의 젖꼭지와 다를 하등의 이유가 없다고 했다. 그러니 부끄러워할 필요가 없다고,
오히려 여자들에게 젖꼭지를 가리라고 하는 것이 정말 부끄러운 일이라고 말했다.
나도 그 말에 동의했다. 하지만 늘 감춰 왔던 내 젖가슴을 갑자기 만천하에 공개하는 건
나에게는 그리 쉽지만은 않은 일이었다. 그래서 나는 계속해서 브래지어와 티셔츠로 가슴을 가렸다.
마리스탄의 기후가 매우 후텁지근함에도 불구하고 말이다.

브래지어를 입는 사람이 나 혼자만은 아니었다.
내가 사는 동네의 프랑스 및 유럽 이민자 여성들은 계속해서 나처럼
젖가슴을 가리고 살았다. 우리는 옹기종기 모여 옛 생각을 하며
이곳 사람들이 '젖가리개'라고 부르는 걸 만들곤 했다. 친구가 하던
유일한 브래지어 가게가 경찰 단속으로 문을 닫았기 때문이다.

나는 내 딸에게 단 한 번도 여자의 젖가슴이 남자들에게 유혹의 대상이 될 수 있다는 말을 한 적이 없다.
여자와 남자의 몸은 다르지만 두 성(性)은 동등하다는 것을, 모든 인간은 동등하다는 것을 학교에서 배우도록 두었다.

내 딸이 나에게 왜 엄마는 가슴을 가리냐고 물어보면 습관이 되어서 그렇다고 간단히 대답했다.

그러던 어느 날, 내 딸에게도 2차 성징이 찾아왔다. 골반이 커지고 가슴이 봉긋하게 솟아오른 것이다.
첫 월경이 찾아왔고, 나는 우리 딸이 이 시기를 잘 거칠 수 있도록 옆에서 도왔다.
이 일은 애 아빠가 아닌 내가 맡았다.

딸의 가슴은 점점 부풀어 올랐다.
딸아이는 자랑스러운 마음 반, 두려운 마음 반을 가지고
제 가슴을 이리저리 살피고 만져 보았다. 아이가 뛰면
당연히 젖가슴도 출렁거렸다. 그 느낌이 새롭고 신기하긴 하지만
농구를 할 때는 불편할 수밖에 없었다.

그러던 어느 날, 딸아이는 제법 심각한 표정으로
나를 찾아와 자기도 브래지어를 하겠다고 했다.
마음이 복잡했다… 내가 내 딸아이 또래쯤 되었을 때
우리 엄마에게 브래지어를 사 달라고 했던 기억이 났다.

물론 나에게는 다른 꿍꿍이가 있었다.

군이 브래지어를 해야 할 만큼 내 가슴이 나온 것은 아니었다.
하지만 나는 여자가 되고 싶었다, 남자아이들의 시선을 끌고 싶었다.
내가 살던 나라 프랑스의 분위기는 그랬다. 막 여자가 되기 시작하는
소녀들이 매력적인 몸매를 갖도록 부추기는 그런 분위기…
그런 걸 '섹시하다'라고 했다.

브래지어를 달라고 하는 내 딸 롤라에게 어떻게 대응해야 할지 몰랐다.

나는 혹시라도 내 딸이 친구들의 놀림감이 될까 봐 걱정스러웠다. 내 딸이 친구들에게 버림받는 것을 원치 않았다.

하지만 롤라는 브래지어를 해야 더 편할 것 같다고 했다. 자기 친구들은 있는 그대로의 자신을

받아들여 주는 친구들이라며 나를 안심시켰다. 나는 내 딸에게 브래지어를 만들어 주었다.

그리고 웃으며 말했다. 엄마 세대에는 이걸 '브라자'라고 불렀어, 하하하.

브래지어를 해 보는 롤라. 조금은 당황한 듯,

하지만 내심 자랑스러운 듯한 모습이었다. 롤라는 그 순간 내 사진, 이모들 사진,

할머니 사진에서 봤던 모습을 떠올리는 것 같았다.

이제 자신도 우리 집 여자들의 관습을 따르게 되었다는 사실에

더욱 더 강한 유대감을 느끼는 것 같았다.

롤라는 나에게 티셔츠도 한 장 달라고 했다. 브래지어 위에 티셔츠를 입어

조금씩 나오는 배도 가리고 겨드랑이의 털도 가리려는 생각이었다.

나는 롤라에게 말했다. 티셔츠까지 입는 건 좀 오버라고. 몸의 변화를 받아들여야 한다고.

브래지어에 티셔츠까지 입으면 극우테러리스트로 오해를 받을 거라고 말이다.

롤라는 새 브래지어를 입고 학교에 갔다. 아이를 학교에 보내는 내 마음이 전쟁터와도 같았다.

제발 이 나라에서 주창하는 관용 정신이 통하길, 제발 내 딸이 아무 문제 없이 수업을 받을 수 있길…

나는 혹시라도 롤라를 괴롭히는 사람들이 나타날 것을 우려해

그럴 때는 아이에게 이렇게 대답하라고 연습을 시켰다.

'공부하는 데 젖꼭지를 꼭 내보여야 해?!'

나는 걱정스러운 마음으로 롤라의 하교 시간을 기다렸다.

결국 롤라는 한껏 풀이 죽은 모습으로 돌아왔다.

지옥 같은 하루를 보냈어, 엄마. 친구들이 나를 괴롭힌 게 아니고 선생님들이 괴롭혔어!

내 출신이나 우리 가족의 전통에 대해서 자랑스러워하는 건 상관없지만 그건 집에서만 지키라고 했어.

정말이야, 엄마. 선생님들이 하루 종일 괴롭혔어. 나한테 마리스탄의 가치관과는 거리가 먼 케케묵은 관습을 답습하고 있다고 했어…

꽤나 똑똑한 줄 알았는데 왜 이런 바보 같은 선택을 했냐며 나한테 정말 실망했대. 나는 '특별한 사람'이 될 수 있었는데 '잘못된 길'을 선택했다고 그랬어.

내 가슴은 무너져 내렸다. 딸아이에게 그런 말도 안 되는 소리는 신경 쓰지 말고 강해지라며 응원을 해야 하는 건지…
아니면 이제 브래지어는 잊으라고, 그러면 모든 게 다 해결될 거라고 말하는 게 맞는 건지 알 수 없었다.

그러자 딸아이가 나 대신 결정을 내렸다.
롤라는 이 옷감 쪼가리를 위해 투쟁을 하기로 결심한 것이다.

하지만 지난 몇 년이 마리스탄 역사상 가장 어두운 시기였다는 게 문제였다. 마리스탄 사람들은
프랑스 출신 이민자라면 아주 지긋지긋해했다. 프랑스인 가정에서 나는 치즈 냄새에 머리가 다 돌아 버릴 지경이라고 했다.
마리스탄인들은 프랑스 사람들이 너무 시끄럽다고도 했다. 2039년 12월 24일 크리스마스 이브,
프랑스인들의 고성방가 사건이 여러 건 접수되었다. 그러자 정부는 크리스마스를
아주 적막하게 보내도록 권고하기에 이르렀다.

그러니 롤라의 브래지어 투쟁은 시대를 잘못 만난 것이나 다름없었다.

게다가 다른 학교에서도 롤라 또래의 프랑스 출신 여학생들이 브래지어를 착용하기 시작한 것이다.

롤라는 몇 개월에 걸쳐 '롤라의 안녕을 위한 것'이라며

브래지어 착용을 만류하는 교사들에 대항해 싸워야 했다.

더 최악인 건 여자들이었다. 젖가슴을 내보이는 데에 의기양양한 여자들.
아침에는 젖꼭지를 공들여 꾸미느라 몇 시간을 할애하는가 하면, 퇴근 후 저녁 때는 너도나도 젖가슴 태닝에 몰두했다.

어느 날 롤라는 가슴과 자유에 대해 논하는 여자들에게 이렇게 말했다고 한다.
여자들이 정말 자유롭고 남자들과 동등하다고 느낀다면 남자들에게 잘 보이려고 꾸미고 치장하는 데에
많은 시간을 보내지 않아도 됨은 물론이요, 지금보다는 여자 국회 의원 수가 훨씬 많아야 하지 않겠냐고 말이다…
그 결과 롤라는 두 시간 동안 학교에서 벌을 받았다.

벌을 받은 일에 대해 부모님 사인이 필요하다며
학부모통신을 건네는 롤라. 나는 롤라가 자랑스러웠다.
그래서 딸아이에게 따뜻한 미소를 보내 주었다.
정말 용감하다 내 딸!

그리고 교사들과의 전쟁은 계속되었다.
몇 번이나 학교에 불려 갔는지 모른다.
그때마다 나는 롤라가 선택한 일이며, 브래지어를 해야
롤라도 더 편하다고 설명해야 했다…

그뿐인가, 혹시 유럽 과격파 조직의 영향하에
있을지도 모른다는 명목으로 내 남편은 조사를 받기도 했다…

시간이 조금만 더 지나면 이 일도 다 끝나고, 모든 것이 잊혀질 거라고 생각했다.
하지만 마리스탄 정부는 학교에서의 브래지어 착용 금지령을 내리게 된다.
이 명령에 따르지 않는 여학생들은 바로 퇴학 조치가 내려졌다.

그래서 나는 롤라에게 말했다, 이제 브래지어를 벗으라고.

운동할 때만 입으면 되잖아.
방학 때는 실컷 입어도 되고.

정말 중요한 건 네가
공부를 열심히 하는 거야.
아빠랑 엄마가 괜히
반계몽적인 나라를 떠났겠니?

하지만 롤라는 내 말을 들으려고 하지 않았다. 아이가 슬퍼 보였다.

롤라는 자신의 요구가 관철될 것이라고 생각했다.

투쟁에 승리해서 영웅이 될 것이라고 생각했다. 1등을 놓치지 않을 뿐만 아니라 학습 태도도 좋아

항상 선생님들의 칭찬을 받는 학생을 퇴학시킬 리가 없다고 생각했다.

그래서 롤라는 계속해서 브래지어를 입고 학교에 갔다.

롤라는 퇴학을 당하지 않았다. 이는 '우리를 위해서도, 그들을 위해서도'

결코 적절한 조치가 아니기 때문이라고 학교 측은 밝혔다. 대신 롤라가 직접 브래지어를 벗도록 억압했다.

그러던 어느 날 역사 시간. 선생님은 롤라를 칠판 앞으로 나오라고 했다.

그리고 롤라가 입고 있던 브래지어를 벗겼다. 다른 학생들이 다 보는 앞에서 말이다.

롤라의 젖가슴을 본 학생들은 아무렇지 않았다, 어차피 젖가슴이야 매일 보는 것이므로.

하지만 롤라는 수치스러웠고, 부끄러웠고, 모욕을 당한 기분이었다.

격한 감정의 소용돌이에 휩싸인 롤라의 젖꼭지가 그만 더 빳빳하게 솟아올랐다.

그러자 롤라는 그 자리가 더 불편하고 괴로웠다.

남학생 중 한 명이 손을 뻗어 빳빳하게 솟아오른 롤라의 젖꼭지를 만졌다.

이제 롤라는 학교에 가려고 하지 않는다.
나와 딸아이는 아무리 더워도 바닷가에 가지 않는다.
몸의 한 부분을 가리려는 여자들에게 해변은
금지 구역이기 때문이다. 대신 동네 친구들끼리 모여
파이를 구워 먹고 포도주를 마신다.

마트에서 장을 볼 때는 어떤가.
사람들은 치즈가 가득 담긴 내 카트를 보면서 수군거린다.
한번은 아무런 잘못도 없는데 길을 건너고 있는
나를 보며 한 경찰관이 욕을 해댔다.

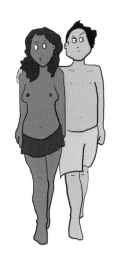

웃통을 벗은 아빠는 불을 피우기 바쁘고, 그 옆에 있는 엄마는 접시에 채소를 담아냈던
한여름 일요일의 바비큐 파티가 그립다.

남자가 하는 일 따로 여자가 하는 일 따로 구분했던,
그야말로 구식이었던 추억이긴 하다. 지금 내 딸아이는 불을 피울 줄 알고,
내 남편은 접시에 음식을 예쁘게 담아내는 법을 알고 있으니까…

그래도 젠장…

그 시절에는 적어도 바닷가에 가서 신나게 놀 수 있었다.

2
말을 하지 그랬어

아, 어께···

첫 직장에서 일을 할 때였다.
어느 날 나는 친한 동료 사원의 집에 초대를 받았다.

집에 도착해 보니 동료 사원은 우리가 먹을 저녁 식사를 준비하면서
동시에 아이들에게 밥을 먹이고 있었다.

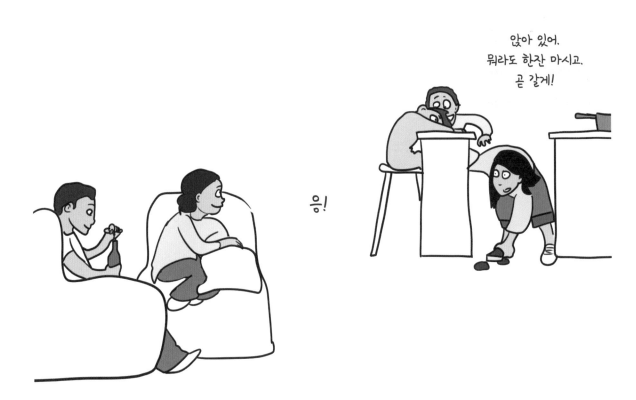

한 입만 더 먹자,
음?

얼마 후, 냄비가 펄펄 끓더니
넘치기 시작했다…

앗!

결국 음식물이 밖으로
줄줄 새어 나오기에 이르는데…

이게 웬 난리야!
대체 뭘 한 거야,
당신?

뭐? 뭘 한 거냐고?
이걸 다 하느라 그랬다 왜!

아, 말을 하지 그랬어.
그럼 도와줬을 거 아냐.

젊은 부부 사이에서
쉽게 목격되는 바로 이 장면.

우리 인생의 한 부분을
차지하는 바로 이 시기,
우리의 젊은 날! 이 시기를
어떻게 보내고 있는지 잘 보여 주는
장면이 아닐까 한다.

부인이 이거 해 저거 해 하고 시키기를 기다리는 남편.
이 남편은 자기 부인을 집안일 책임자로 보고 있는 것이다.

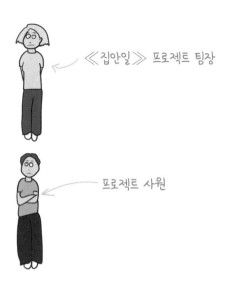

《집안일》 프로젝트 팀장

프로젝트 사원

그러니 무슨 일을 언제 해야 할지는
부인이 잘 알고 있어야 한다는 말이다.

그런데 문제는… 일을 계획하고 추진하는 것 자체가
이미 풀타임으로 일을 하는 것과 같다는 점이다.

작업 마무리는 한 달 후로 잡고,
그러려면 프로그래머를 더 뽑아야 하고···
아, 이 서류는 클라이언트와 다시 확인하고···
뭐야, 벌써 저녁 7시?!

내가 일하는 직장에서 프로젝트를 맡게 된 적이 있었다.
나는 그 프로젝트를 조직하고 관리하는 일은 할 수 있었지만
그 프로젝트 자체에 참여할 수는 없었다.
모든 일을 다 할 수가 없었던 것이다.

그러니 집안일의 계획, 조직, 관리뿐만 아니라
대부분의 가사 노동을 직접 해야 하는 부인들은
일의 75%를 혼자 해내는 셈이 된다.

페미니스트들은 이 현상을
'**정신적 부하 상태**'라고 부른다.

정신적 부하는 뭔가를 늘 생각하고 계획해야 하는 상태를 뜻한다.

장 볼 때 면봉 사는 걸
잊지 말아야 한다는 생각.

오늘 일주일 치 채소를
사 놓아야 한다는 생각.

관리비를 깜빡하고
내지 않았다는 생각…

애 키가 또 자라 이제
맞는 바지가 없다는 생각.

2차 예방 접종 날짜가
다가온다는 생각.

깨끗한 와이셔츠가
한 벌밖에 남지 않았다는 생각.

거의 대부분의 여자들이 정신적 부하 상태를 겪고 있다.

쉴 새 없이 피곤하게 계속해야 하는 일,
하지만 눈에는 보이지 않는 노동이다.

내 주변의 남자 친구들은 아내와
집안일을 똑같이 나눠서 한다고 했다…

세탁기에 옷을 가득 넣고
돌리긴 해. 그럼 뭐하니,
널지를 않는데!

우리 남편은
침대 커버를
바꿔 껴 본 적이 없어.
그걸 빨아야 한다는
생각도 안 해.

우리 신랑은
애 이유식을
단 한 번도 만들어
본 적이 없어.

하지만 그 아내들의 입장은 상당히 달랐다…

내 생각은 이렇다. 이를테면 테이블 치우는 것처럼
아주 간단한 집안일을 하려고 할 때 정신적 부하 상태가
급격히 증가하는 현상이 일어날 수 있다는 거다.

언능
치워야징···

테이블 위에 있던 물건을
제자리에 갖다 놓기로 한다.

가다 보니 쓰고 난 수건이 바닥에 떨어져 있다.
그걸 또 주워서 세탁물 바구니에 넣으려 한다.

가 보니 세탁물 바구니가 꽉 차 있다.

결국 세탁기를 돌리기로 한다.

세탁기 위에는 아직 정리하지 않은
채소들이 널려 있다.

냉장고에 채소를 정리하다 보니 생각났다,
아… 다음에 장 볼 때는 겨자 소스 사는 걸 잊지 말아야지.

그렇게 집안일은 꼬리에 꼬리를 문다. 결국 테이블 치우는 걸로 시작된 집안일,
다 하고 나니 벌써 2시간이 지났다.

하지만 그날 저녁,
집은 다시 엉망진창이다.

남편에게 테이블을 치우라고 하면 남편은 '딱' 테이블'만' 치운다.

수건은 계속 바닥에…

아, 씨···

채소는 부엌에서 썩어 갈 것이요…

아, 씨···

저녁 식사 때 겨자 소스를 찾아봤자
소용이 없을 것이다.

아, 씨···

이런 일이 내 친구 J에게도 생겼다.
J가 아기를 재우러 가면서 남편에게 말했다.

설거지 다 끝나면
식기세척기에서
아기 젖병 좀 꺼내 줄래?

아기 젖병을 물리려고 한밤중에 깨어난 J. 그녀가 발견한 것은? 열려 있는 식기세척기,
싱크대 위에 올려진 젖병, 그리고 세척기 안에 가득한 식기들…

아, 씨…

응애응애응애

자기가 해야 할 일이 뭔지를 말해 달라는 남편들은
그들도 마땅히 나눠서 해야 할 집안일에 대해 생기는
정신적 부하 상태를 거부하고 있는 것이다.

내가 도와줄 거 있음
말해.

남녀가 각각 이렇게
행동하도록 타고나는 것일까?
절대 아니다.

여자들은 테이블 정리 같은
집안일을 보면 하고 싶어
미치는 그런 열정을 갖고
태어난다고? 천만의 말씀!

이는 남자들도 마찬가지다. 집 안이
쓰레기통이라도 눈 하나 깜빡 않는
이 무관심, 남자들이 이런 무관심을
타고나는 것이 아니라는 거다.

하지만 우리가 명심해야 할 점이 하나 있다.
바로 우리는 '사회'라는 곳에서 나고 자란다는 사실!

여자아이들에게는 인형과
소꿉장난 세트를 쥐어 주는 사회.

인형이나 소꿉놀이를 하는 남자아이들은
이상하게 취급되는 사회.

재 좀 봐,
남자애가 웬
소꿉장난이래?

엄마들이 집안일을 모두 도맡아 하고
아빠들은 그저 가끔 엄마가 시키는 일만 하는 사회.

남자들이 세상 놀라운 모험을 위해 집을 나설 때
여자들은 엄마와 아내의 역할만을 충실히 하는 모습을 보여 주는
미디어로 가득한 사회.

이런 남녀 간의 차이를 만드는 조건들은
우리가 어렸을 때부터 성인이 될 때까지 존재한다.

직장 여성들이 점점 더 늘어 가고 있는 추세임에도 불구하고
집안일을 신경 쓰고 도맡아 하는 것은 여전히 여성들의 몫이다.

직장 여성이 엄마가 되면 책임감과 문제는
두 배로 증가하게 마련이다.

왜냐, 출산 후 11일이 지나면
아빠는 다시 일터로 나가야 하니까 말이다.

이 모든 것이 남자들에게는 당연한 것처럼 보인다.

회음부 절개술 이후 아직 아물지 않은 상처에 힘들고,
두세 시간마다 벌떡벌떡 깨어나야 하는 이 시기. 하지만 이게 끝이 아니다.
태어난 아기를 돌보기 위한 계획을 짜고 이것저것 신경 써야 하는 것도
다 엄마의 몫이다.

보모를 구하는 일…

아기 옷 사는 일…

소아과 약속 잡는 일…

그리고 이유식 준비까지.

게다가 출산 휴가가 끝나 직장에 나가게 되면 그야말로 지옥의 스케줄을 버텨 내야 한다.
그러니 남편에게 이거 해 달라 저거 해 달라, 이거 왜 안 하냐 저거 왜 안 하냐며 따지고
싸우며 보낼 시간이 없다. 차라리 내가 다 하고 마는 거다…

아, 얼른 장 보러
가야겠군!

이렇게 하여 아이가 대여섯 살이 되도록 이 아빠라는 인간은 아이 옷을 어디서 사는지,
애 음식은 뭘 먹여야 하는지, 다음 예방 접종일이 언제인지, 하다못해
보모 전화번호조차 모르는 지경이 된다.

물론 이 모든 걸 우리 여성들이 해야 한다는 법은 없다.
문제는 우리가 집안일에서 조금만 손을 떼면 참담한 일이 벌어진다는 거다.

그래서 대부분은 그냥 포기하고 정신적 부하 상태를 받아들이는 거다.
밖에서 일하는 시간을 조금씩 떼어 먹으면서, 쉴 시간을 없애 가면서,
그렇게 모든 걸 다 도맡아 하게 되는 것이다.

뭐, 어떤 남자들은
이런 말을 하겠지···

아니 아니, 당신이 틀렸어요.
나는 아내와 집안일을
똑같이 나눠서 한다고요.

정말 그렇다면 다행이고요···
(하지만 아내 얘기도
들어 봐야 하지 않겠어요?)

하지만 몇몇 집에서 그런다고 해도
크게 달라질 것은 없다. 통계적으로
봤을 때 대부분의 가정에서는
여자가 모든 일을 도맡아 하기
때문이다.

국립통계경제연구소의
보고에 따르면, 여자들이
집안일에 쓰는 시간이 남자들에 비해
1.5배가 더 많다고 한다.

물론 조금씩 여자들이 하는
집안일이 줄어들고 있기도 하다.
하지만 이는 남자들이 집안일을
더 많이 해서가 아니다.

경제적인 여유가 있는 집들은
집안일을 할 사람을 구하기
때문이다. 상황이 어려운 사람,
혹은 외국인 노동자들을
고용함으로써 말이다.

과연 이걸 좋은 해결책이라고
말할 수 있을까?

꼭 뭔가를 바꾸기 위해서가 아니다.
이제는 남자들도 집안일에
책임을 지기 시작해야 하지
않을까?

아빠들도 출산 후 적어도
한 달 정도는 아기를 돌보는 데에
시간을 쓸 수 있도록 그들의 권리를
주장할 필요가 있겠다.

현재는 페미니스트들만이
남자들의 출산 후 양육 휴가 기간을
늘리기 위해 노력하고 있다.
아직 별 성과는 없지만 말이다.
이제 남자들도 적극적으로 나서야
할 때가 아닐까 한다!

그렇게 되면 크게 중요하진
않지만 자주 해야 하는 일들을
함께 나눠서 하는 데에도
큰 도움이 될 것이다.

또한 여자들이 모든 걸
미리 준비하지 않고도,
또 이에 대해 죄책감을 갖지 않고도
가끔은 집을 비울 수 있을 것이다.

물론 완벽하게
정리되지 않은 것을 보면서도
눈을 감을 줄 아는 여유도
필요하겠지만.

가끔은 역할을 바꿔서
하는 것이 대놓고 싸우는 것보다는
훨씬 더 효과적이니 말이다.

그뿐인가, 더 이상 남녀의
역할 분담이 진부하고
틀에 박힌 대로 이루어지는
세상에서 벗어나···

지금보다 훨씬 남녀가
평등한 사회에서 우리
아이들을 키워 나가는 데에도
도움이 될 것이다!

내가 말한 모든 게
이뤄진다고 해도··· 부부가 모두
일을 하는 가정에서는 집안일을
돌보는 게 녹록치 않은 일임은
인정해야 할 것이다.

왜 집안일 할 시간이
부족한 것일까? 이 점에 대해서
생각해 볼 필요가 있을 것 같다.

밖에서 일하는 데에는 많은 시간을
투자하지만 집에서 보내는 시간은
적기만 한 현실, 과연 반드시
그래야만 하는 걸까?

난 꼭 그렇지는 않다고
보는 바이다!

3

기다림

나와 내 동거남은 서로의 자유에 해가 되는 일은 절대 삼가기로 했었다.

나나 내 동거남이나 나가서 놀고 싶을 땐 나가서 놀았다.

거기에 대해 불평한 적은 없었다.

그러니까…

거의 없었다…

그러던 우리에게 아기가 생겼다. 그리고 나 역시 출산 휴가가 끝나
다시 일터로 돌아가게 되었다. 그때 우리 커플 역시
다른 집에서 하는 식으로 일을 분담했다.

아침에는 동거남이
아기를 보모 집에 맡겼고.

저녁때는 내가 가서
아기를 데려왔다.

다른 엄마들이 다 그렇듯, 아기를 데리러 가기 위해서는
예전보다는 좀 더 일찍 퇴근을 해야 했다…

아…
벌써 시간이
이렇게 됐네!

딱

그 말인즉슨, 아직 해야 할 일이 남았는데도 직장을 나서야 한다는 뜻…

그리고 직장 동료들끼리 한잔하면서
스트레스 풀 기회를 놓친다는 뜻…

칼퇴근을 한다는 것은 일을 적게 함을 뜻하는 말이 아니다.

무슨 수를 써서라도 최소의 시간을 활용해
많은 양의 일을 해내야 한다는 뜻이다.

그럼에도 불구하고 칼퇴근하는 날라리로 찍힐까 봐
눈치는 또 얼마나 많이 봐야 하는가!

그렇다고 퇴근하고 집에 와서 편히 쉴 시간이 있기라도 한가?

얼른얼른 동거남이 들어와 나를 좀 도와주기를 바라며…

나는 매일 저녁마다, 매일 밤마다 젖 먹던 힘까지 다 쥐어짜야 한다…

기다려도 기다려도 오지 않는 그를 기다리고 또 기다리며…

여자들은 아이를 낳는 순간 저녁 모임을 피하고
밤에 친구들 만나는 일을 확 줄이는 반면…

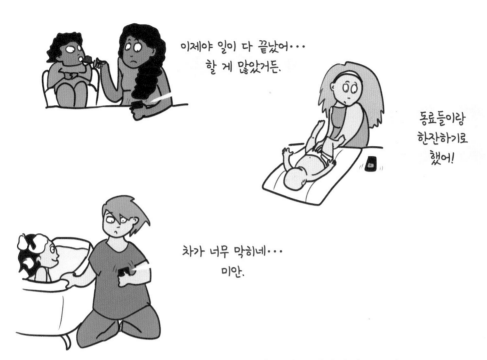

이제야 일이 다 끝났어…
할 게 많았거든.

동료들이랑
한잔하기로
했어!

차가 너무 막히네…
미안.

남자들은 아이가 생기든 말든 달라지지 않는다.

절망의 나락으로 빠져들 수밖에 없었다는 내 친구 M의 이야기를 들어 보자.

삐 삐 삐
삐이이익

현관문을 여는 소리… 아, 우리 자기가 드디어 들어왔구나.
이제 나를 좀 도와주겠네! 하고 생각했던 M…

들어오기로 약속했던 시간보다 이미 한 시간이나 늦은 그…
신발을 벗기 무섭게 한마디 하는데!

아 씨, 똥 마려!
나 똥 싸러 간다.

손에는 휴대폰이 들려 있다…
화장실에서 그시간은
버티겠다는 뜻.

회사에서 똥 쌀 시간이
어디 있냐!

회사에서
싸고 오지 그랬냐?

물론 '시간이 없다'라는 건
아주 주관적인 생각이다···

어쨌든 우리 여자들은
없는 시간을 쪼개
퇴근 후 아이를 찾으러 가기
때문이다.

나는 아주 오래전부터
이런 질문을 해 왔다.
왜 남자들은 가족이나
집안일보다 회사 일을
더 중요시하는 걸까?

물론 밖에서 하는 일에 누군가의 목숨이 달린 거라면 얘기는 달라진다.

난 칼퇴를
해야 해서 이만···

으아아아아아아아악

돈을 벌기 위해 늦은 시간까지 일을 해야 하는···

불안정한 일시직에 있는 경우도 얘기는 달라진다.

하지만 대부분의 경우 처리해야 할 서류나 마무리를 지어야 할 플래닝이 밤 사이에 자동 폭파되는 경우는 절대 없다는 말이다!

그러니 오늘 다 못 한 일은 내일 하기로 하고 얼른 집에 가서 지쳐 쓰러지기 직전인 아내와 집안일을 함께 하는 건 너무나 당연하지 않은가!

하지만 내가 일했던 직장에서 본 남자 동료들은 그러지 않았다.
그들은 나름 널널한 근무 시간을 보내곤 했다.

점심시간도 꽤 길게 가졌다…

오늘은 오리 전문점 어때? 여기서 15분밖에 안 걸린다는데.

복도에서 수다를 떠는 경우도 허다하다…

매니지먼트의 미래는 린 생산 방식이야. 사원들이 농땡이를 칠 방법이 없어요 방법이!

업무와는 전혀 상관없는 인터넷 서핑도 서슴지 않는다.

이 짤방 좀 봐 봐, 이거 완전 웃기지?

그러다 저녁이 되어서야 '일을 마무리'하고 8시가 넘어 퇴근을 한다.

여보, 미안.
오늘 야근해야 할 것 같아.
저녁 먼저 먹어.

남자들이 요리조리 빠져나가려는 이른바 '엄마들의 시간.'
이를 통해 우리가 이해할 수 있는 점은 다음과 같다.

와우! 오늘 해야 할 일을
다 했네!

일을 다 한 데에서 오는 만족감
= 개인적으로 느끼는
안락함과 쾌적함!

부모가 된 이상 직장에 남아 일을 모두 마치는 것은 일종의 자기 만족,
자신만이 느끼는 안락함과 쾌적함의 한 형태라는 말이다.
이는 의무도 아니요 뭐 대단한 업적도 아니다.

사실 우리 사회가 남자들에게 원하는 가치 기준과
여자들에게 원하는 가치 기준이 다른 건 사실이다.

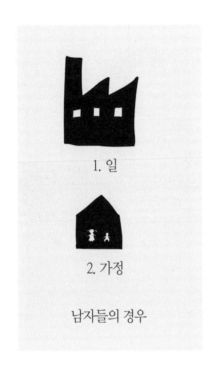

1. 일

2. 가정

남자들의 경우

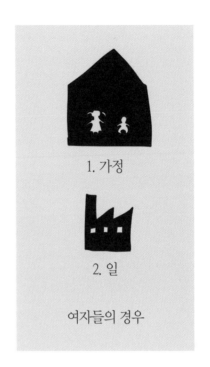

1. 가정

2. 일

여자들의 경우

그러니 남자들은 일찍 퇴근해서 가정을 돌보기보다는
회사에 시간을 더 많이 투자함으로써…

자신들의 의무를 완수했다는 '쌍쾌한' 기분을 느끼는 것이다!

진짜 일을 얼마나 했느냐보다는 회사에서 얼마나 많은 시간을 보냈는지가
더 중요한 프랑스의 분위기도 한몫을 한다.

상사에게 칭찬을 받고 인정을 받고 승진을 하는 것은
일을 얼마나 효율적으로 잘하느냐가 아닌⋯

회사의 이익을 위해 개인의 시간(즉, 가정에서 보낼 수도 있는 시간)을
얼마나 많이 바칠 수 있느냐에 달렸다.

하지만 여자 직원들은 일단 엄마가 되면
이런 회사 생리와는 멀어지는 게 당연하게 여겨진다.

승진이고 뭐고 월급 인상이고 뭐고 다 포기해야 함에도 불구하고 말이다.

하지만 남자 직원들이 그러면 고운 눈으로 보지 않는다.

이리하여 우리는 남녀 각각에게 주어진 자리에 억지로 갇히게 되는데…

그래서 여자들은 의미는 있으나 육체적으로 너무나 힘들고,
인정받지도 못할 뿐만 아니라 경제적으로나
커리어 면에서나 손실이 많은 역할을 떠맡게 되고.

반면 남자들은 어쨌든 늦게까지 회사에 남아 있게 되는 것이다.
전혀 의미는 없으나 월급 인상은 물론이요
승진까지 달린 일이니 어쩔 수 없다.

이 상황에서 벗어나기 위해서는
우리를 가둬 놓는 틀을 깨는 수밖에 없다.

그러려면 남녀에게 주어진 가치의 기준에 대해
다시 한번 질문을 던져 봐야 할 것이다.

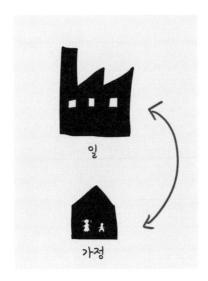

내 생각에는
이 두 가지의 위치를
바꿔야 할 것 같다.

남녀 할 것 없이 모두에게는 개인의 시간과 가족을 위해 써야 할 시간이
우리 가치 기준의 최고점에 이르러야 한다. 일을 하는 시간은 개인의 시간과 가족을 위한
시간을 갖기 위해 필요한 수단일 뿐이다.

그러면 이 가치에 대해
질문을 던져 보자. 우리에게
가치를 강요하는 사람들에 대해
질문을 던져 보자.

무조건 직장에 오래 남아 얼굴도장을 찍어야 한다는 생각에서 벗어나 보자는 말이다!

얼른 집에 가서 애 봐야지
아직도 여기 있는 거야?

회사를 위해 내 모든 시간을 버리는 것이야말로
정말 가치 있는 일이라는 생각을 버리자는 거다.

어젯밤에 말이야, 10시던가?
어쨌든 늦게 퇴근을 했는데···

10시? 그때까지
대체 뭘 한 거야?
넌 가족도 없어?

그리고 일을 좀 덜 하자!

일을 덜 한다고?
가족을 먹여 살리려면
돈을 벌어야 하는데 어떻게
그럴 수 있겠냐고 물으시겠지?

이 문제에 대해서는 나도
오랫동안 생각해 왔다.

그리고 알아냈다.
일은 덜 하되 살기는
더 잘 살 수 있는 방법에
대해서 말이다. 이는 다음 장에서
설명해 보고자 한다.

아이들과 더 많은 시간을
보내며 보람되고 행복하게
살 수 있는 방법!

4
일해, 일하라고!

앞 장에서 나는 회사에서 일하는 시간 때문에 가정에서 편히 보낼 수 있는 시간을 뺏긴다고 했다.

이 장에서는 내가 어떻게 해서 아주 다른 방식으로 살 수도 있다는 걸 깨달았는지 설명하도록 하겠다.

그러기 위해서는 우선 내 회사 생활 모습이 어떤지에 대해 설명해야 할 것 같다.

주중에 나는 7시에 일어난다.

으으윽, 벌써?

드리리리링
드리리리리링

아침 식사를 할 시간도 없고 아직 자고 있는 아들을 볼 시간도 없다.

회사에 가기 위해서는 세 개의 교통수단을 이용해야 한다.
지하철을 타고 가다가 트램으로 바꿔 타고, 그리고 더 가다가 다시 지하철을 탄다.

출근 시간에는 사람이 많으므로 당근 서서 간다.

회사에 도착하자마자 우선 자리에 가서 앉는다.
그래야 사람들이 내가 몇 시에 출근했는지 알 테니까.

그렇게 하고 나서야 커피를 한 잔 뽑아 오고 일을 시작한다.

내 일이 재미없다고는 할 수 없지만… 어쨌든 같은 일을 10년째 해 오고 있다.

그러니 일이 지겹다고 느낄 때가 대부분이다.

점심시간은 한 시간. 얼른얼른 해결해야 한다.

어떤 동료들은 샌드위치로 대충 때우거나 아예 점심을 굶는다.
점심시간이 길어지면 상사한테 혼나니까.

얼른 점심을 먹고 들어온 나는 다시 일에 착수.

아이를 찾으러 갈 퇴근 시간을 기다린다.

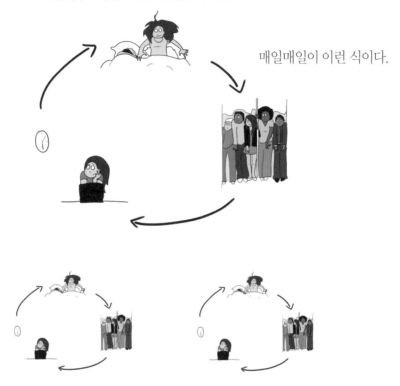

매일매일이 이런 식이다.

일주일에 5일이 이렇다.

이러기를 10년.

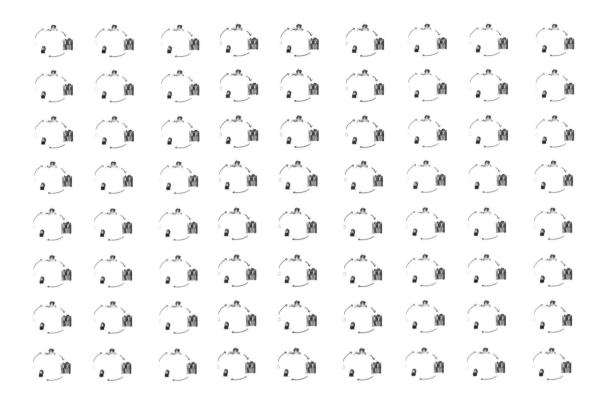

물론 나는 알고 있다. 운이 좋다는 것도 알고 있다. 왜냐, 내가 하는 일이라는 것이

불안정하지도 않고

위험하지도 않으며

늘 과로로 찌드는 일도 아니니까.

그러나 이런 삶을 만 65세까지 이어 갈 거라고 생각하면…

어쩔 수 없이 우울해지는 것도 사실이다. 나만 그런 건지 여러분들도 그런지…

그저 체념하고 받아들일 수밖에 없었다. 우리가 사는 이 사회라는 것이
딱 두 가지의 경우만 가능한 곳이라고 늘 들어 왔기 때문이다.

몇십 년 동안을
아등바등 노력하면서
일을 하거나…

아니면 백수가 되어 재정적으로
무척 어려워지는 거다. 그리고 매일
일자리를 찾아 떠도는 거다.

님께 일자리를 하나 소개시켜
드리려고 합니다. 겨우 250km밖에
안 떨어진 곳이랍니다.
만일 님께서 이 일을 거절한다면
이제 실업 수당도 끊길 예정이니
그렇게 아시고 그럼 이만
총총 빠이염.

그러던 어느 날, 평생 직장에 대한 다큐멘터리를 보다가
지금껏 내가 속고 있었다는 걸 깨달았다.

뭐, 뭐, 뭣이라?

일명 '똥 같은 일'에 대한 콘셉트를 이해한 것이다!

'똥 같은 일'이라 함은 하등의 쓸데없는 일을 말한다.
인류나 지구에 아무런 도움도 되지 않는 그런 일 말이다.

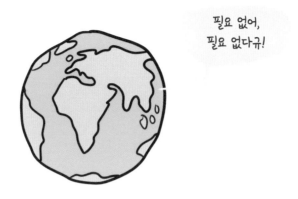

그럼에도 불구하고 이런 일은 존재하며, 사람들은 이 쓸데없는 일에
몇십 년씩이나 종사하는 것이다.

당신이 하는 일이 '똥 같은 일'인지 아닌지를 확인하는 방법은 간단하다.
우선 당신의 일이 사라진다고 상상해 보라.

그리고 그 일이 사라졌다는 사실이 이 사회에 주는 영향을 생각해 보라.

나도 이 질문을 스스로에게 해 보았다.

나는 한 회사가 그 라이벌 회사보다 경쟁력을 높일 수 있도록 도와주는

컴퓨터 프로그램을 개발하는 데에 지난 12년을 보냈다.

내 일이 서비스업이다 보니 한 프로젝트가 끝나면 또 그 라이벌 회사를 위해

똑같은 프로그램을 개발하곤 했다.

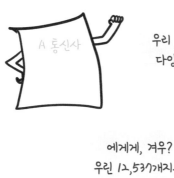

나는 지난 12년간 카드 게임이나 하면서 시간을 보낼 수도 있었다.

그래도 인류에게는 그 어떤 변화도 일어나지 않았을 테니까.

간호사, 운전기사, 혹은 예술가 등의 직업이 없어진다면
우리 인류에 눈에 띄는 변화가 생길 것이다.

하지만 트레이더, 자산 관리, 광고, 재무 관련 기자 등의
직업이 없어진다면? 세상에서 달라지는 건?

아무것도 없다.

해는 매일 뜰 것이요, 먹을 것도 있고 잠잘 곳도 있다. 병원도 문제없이 돌아갈 것이다.

예전과 달라질 게 없다.

내가 본 다큐멘터리에서 경제학자이자 사회학자인 베르나르 프리오는 말했다.
현재 존재하는 직업의 30%는 '똣 같은 일'에 포함된다고 말이다.
그때 내 머릿속에서는 띠용 하고 불이 번쩍했다.

흠흠흠, 그렇다면
말이야···

일을 더 할 필요가
없다는 뜻이군. 오히려
덜 하면 덜 했지···

작업의 자동화를 통해 육체노동을 요했던
많은 일자리들이 사라졌고 생산력도 높아졌다.

먹을 것은 또 얼마나 많이 생산해 내는지
식품의 반 이상은 쓰레기통행이다.

노숙자 수보다 비어 있는 집들이
더 많아지고 있는 추세이기도 하다.

그러니 굶어 죽는 사람들, 노숙하는 사람들이 아직도 존재하는 이유는 집이 없어서
혹은 먹을 게 없어서가 아니다. 제대로 분배가 되지 않았기 때문이다.

1945년부터 70년대 중반까지 이어졌던 소위 '영광의 30년', 모든 것을 다시 만들고 일으켜야 했던
경제 부흥의 시대에도 실업자는 존재했었다는 사실을 잊지 말자.

물론이다. 지난 50년,
직업 시장으로 몰려든
이들이 있지 않은가!

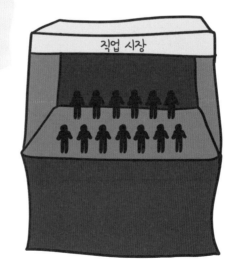

직업 시장

1960년대 이후 '일을 하는'* 여성이 40%에서 80%로 증가했다고 한다.

노동의 자동화 현상 및 직업 시장에 나온 여성의 수가 증가했다는 사실로 미루어 볼 때, 우리 모두는 일을 '덜' 해야 함이 마땅하다!

작업 시간을 줄일 수 있을 뿐만 아니라 은퇴 시기도 더 빨라져야 맞다는 얘기다.

*그렇다고 해서 예전에는 여성들이 일을 안 했다는 말이 아니다.
예전에는 '집'에서만, 그리고 '공짜'로만 일을 했었다.

하지만 현실은 어떤가, 미친 듯이 눈에 불을 켜고 일을 한다. 그렇지 않으면 백수로 지내든가, 아니면 이른바 '똣 같은 일'에 종사하는 것이다.

굳이 필요하지도 않은데 왜 계속해서 일을 하게 되는 것일까?

'우리 경제가 잘 돌아가도록' 하기 위해서 그렇다고 말할 수도 있겠지.

하지만 그렇게 '잘 돌아가는 우리 경제' 덕분에 우리 삶이 나아지지는 않는다.
그렇다면 왜 우리는 계속해서 '경제가 잘 돌아가도록' 노력해야 한단 말인가?

전쟁이나

교통사고는

경제에 아주아주 큰 도움이 된다.

그 반대로

병자를 돌보거나

아이들을 돌보는 일을

우리 경제는 별로 좋아하지 않는다.

이런 걸 경제적 부담 혹은 지나친 지출이라고 표현한다.

뭐? 책 구입?
그게 뭐가
그리 중한디?

우리가 계속해서 미친 듯이 일을 하는 이유는 하나. 이미 부자인 사람들을 더 부자가 되도록 만들어 주기 위해서다.

쉽게 이해하기 위해 장-르네의 예를 들어 보도록 하겠다. 장-르네는 공장을 하나 갖고 있다.

그리고 그 공장에서 뭔가를 만들어 보고 싶어 한다.

흠··· 뭔가를
만들어 봐야겠는뎃···

그런 장-르네가 주주들을 만나 상의한다.

이렇게 장-르네에게는 정말 필요한 물건보다 굳이 필요하지 않은
'똥 같은 물건'을 만들어 파는 게 더 이익이 된다는 말이다.

이익 창출과 인간애 사이의 간극은 너무나 클 뿐…

장-르네는 '똥 같은 물건'을 만들기 위해 사원들을 부른다.

장-르네는 만드는 데에 든 것보다 훨씬 더 비싼 값을 받고 물건을 팔 것이다.

엥? 그 팔을 만드는 데에
1유로 들었는데요?

그래서 뭣요?
어쨌든 '내' 공장에서
만들지 않았어욧?!

자기가 공장을 갖고 있다는 이유만으로 말이다.

이런 걸 영리 자본이라고 한다.
사는 데에 필요해서 갖고 있는 돈이 아니라 더 큰 재산상의 이익을 위해 갖고 있는 자산을 말한다.

물론 살아남기 위해 애를 쓰는 농업인들, 작은 가게 주인들,
그리고 소기업 사장들의 경우는 조금 더 복잡할 수 있겠다. 하지만 이치는 똑같다.

일을 하지도 않았고, 그렇다고 누군가에게 직접적인 도움이 되지 않았음에도 불구하고
장-르네는 점점 더 부자가 된다. 아래 사원들이 창출해 낸 돈을 냅다 가져가는 것이다.

1990년 조사에 따르면, 이미 그때도
우리가 일을 해서 생긴 수입의 30%를
공장주들이 가져갔다고 한다.

지금은 40%가 넘는 수익을 챙기고 있다.
그들은 벌어도 벌어도 더 벌고 싶고 우리는 죽어라
일을 해도 여전히 가난하다. 왜냐, 노동의 자동화 덕분에
더 많은 양을 생산해 내고 있지만…

30% 공장주 분량

70% 노동자 분량

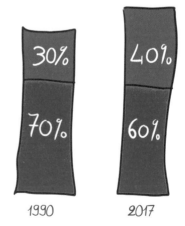

1990   2017

그 혜택을 받는 이들은 공장주나 주주들이지
우리가 아니라는 말이다.

이런 발칙한 아줌마 같으니라곳!
난 위험 부담, 위험 부담이란 걸 했잖아욧!
이 공장을 열었다는 것 자체가 대단한 위험을
감수한 거라고욧!

무슨 소리! 그 공장은 물려받은 거잖아요!
그리고 위험은 무슨 위험! 문제가 있는
대형 회사들은 국가가 도와주고 있지 않나요?
그것도 우리가 낸 세금으로 말이에요!
그러니 진짜 위험을 부담하는 건
당신이 아니라 우리라고요!

이걸 이해한 후로
내 생각에는 변함이 없다.
이런 시스템은 결코
우리에게 도움이 되지
않을 거라는 생각 말이다!

공장은 주주들의 배를
채워 주기 위해서가 아니라
우리에게 필요한 물품을 만들기 위해
돌아가야 한다.

그러기 위해서는
이 공장이 누군가
한 사람의 소유가 아닌
공동체의 소유가 되어야
할 것이다. 생산협동조합
같은 것처럼 말이다.

그러면 없애야 할 '똥 같은 일'은 무엇인지 함께 생각하고 결정할 수 있을 것이다.

바나나 자르는
기구 생산을 계속하고
싶은 분?

(나 같으면 반대에 손을 들겠다. 하지만 공동체라는 게 이런 것이다,
각자 할 말을 들어 봐야 하는 곳)

이렇게 '똥 같은 일'이 뭔지 알고 그걸 없앤다면…

오늘 기분은 좀 어떠세요?
원하시면 저희에게
아기 맡기시고
좀 주무세요.

그렇게 된다면 좀 더 인간적인 일을 하는 데에 더 많은 시간을 쓸 수 있을 것이다.
누군가를 돕는다거나 누군가를 교육시키는 일 같은 것 말이다. 그리고 특히!!! 일을 덜 해도 될 것이다.

일을 적게 함으로써 더 못 살게 되느냐, 그건 또 아니다.
'똥 같은 일'만 없애는 것이고 정말 필요한 일은 계속 남게 되기 때문이다.

집을 짓는다거나…

먹을 것을 생산한다거나…

취미 활동을 하는 일 등…

모두가 적절히 쓸 만큼 쓸 수 있도록 생산한다는 말이다.

다만 일도 안 하는데 점점 부자가 되는 그런 사장단이 눈앞에서 사라진다는 뜻이다.

저기엿···

장—르네 씨
퇴장당하셨습니다!

물론 이런 주주들이나 사장들은 전혀 다른 얘기를 하고 있었다.

자기들이 없으면 이 사회가 돌아가지 않을 거라는 말을 우리가 믿도록 온갖 애를 쓴다.

유토피아!

사랑이 넘치는 사회!

가장 가치 있는 일은
바로 노동입니다!
(그것도 내 공장에서
하는 노동)

살아남는 유일한 방법은 죽을 때까지(아니면 거의 죽을 때까지)

미친 듯이 일만 하는 것이라고 떠들어댄다.

내가 활동가가 된 것도
바로 이 즈음이다.

일을 덜 해도 된다는 사실을
이해했을 바로 그 즈음.

부자들의 배를
더 채워 주는 것이 아니라
정말 필요한 일만을
할 수 있다는 걸 알았을
그 즈음.

나 같은 생각을 하는 사람들이 점점 많아지고 있다. 앞으로도 계속 많아져야 할 것이다.

물론 너무나 방대한 주제이기 때문에 더 시간을 가지고 이야기해 볼 필요가 있겠다. 내가 말한 것은 일종의 서문인 셈이다.

하지만 일반 미디어에서는 우리들의 목소리를 들을 수가 없다. 그래도 우리는 존재한다.

이에 대해 더 많은 걸 알고 싶다면 평생 직장에 대한 유슬(Usul)의 영상, 혹은 기본급에 관해 조사한 영상을 보면 될 것이다. 그래서 더 많은 정보와 아이디어를 얻게 되기를 바란다.

왜냐, 같은 생각을 하는 사람이 많아질수록 이 세상이 더 빨리 바뀔 것이기 때문이다!

5
아, 농담이야···

거참,
농담 좀 한 걸
가지고…

장난이야 장난.
뭘 그렇게까지…

말도 안 되는 지적질로
여러분을 짜증 나게 한 사람들이
오히려 이렇게 정색하는 경우,
여러분도 겪어 보셨는지.

난 많다,
아주아주 많다.

예를 들면 대학 시절, 친구들과 함께 과제를 하고 있던 중.

난 생각 없이 바로 대답했다.

농담이야, 농담.
너 화나게 하려고
한 게 아닌데.

그러게, 친구가
농담한 걸 갖고 왜 그렇게
가시 돋친 반응을
보이는 거니?

아··· 미안···

결국 미안하다고 하는 건 나였다.

고등학교 때는 이런 일이 더 많이 일어났다.

항상 그랬다. 그들의 공격보다는
나의 방어 태세가 더 문제시되었던 것이다.

결국 잘못은 나에게 있는 게 되어 버렸다…

과연 내가 너무 예민해서 농담이나
'조언'을 잘못 받아들였던 걸까?

입은 비뚤어져도 말은 바로 하랬다고… 상처를 받은 사람에게
오히려 그가 잘못한 거라고 말하는 건 감정적·심리적 조종이다.

그리고 이런 심리적 조종을 자주 당하다 보면 내 기준을 잃고 방황하기 십상이다.

상처를 받고도 사과를 해야 하는 상황은 너무도 굴욕적이라서…

남의 도발에도 눈을 감게 되는 것이다…

나는 이때처럼 다이어트를
열심히 해 본 적이 없다.
그러니 내 몸무게를 갖고
왜 그렇게 민감하게들
굴었는지 모르겠다.

아니, 우린 날씬한
여자애들이랑 한잔하려고 해.

…

그리고 지금. 다른 수많은 여성들이 그렇듯

나 역시 이게 지금 화를 내야 할 상황인지 아닌지 구별하기가 어려운 입장에 처할 때가 많다.

자기가 손본 버그 현상
말이야, 거기에 대해
몇 가지 물어볼 게 있는데
시간 괜찮아?

잠깐,
나 듣던 노래 마저 듣고.

이 문제에 대해서는
이미 『다른 시선』 1권에서
이미 말한 바 있다.

우리는 아주 어려서부터 사회로부터 감정 컨트롤을 당하고 있다.
남자애들의 공격성은 아주 당연하게 여겨진다. 이 공격성이라는 것은 진정한 남자가 되기 위해
필요한 조건처럼 여겨지고 있는 것이다.

하지만 이런 스테레오타입, 즉 고정 관념이 나중에는 어떤 부작용을 미치게 되는지 아는가?
사람들이 쉽게 생각하는 스테레오타입에 부합하지 않는 이들은
'진짜 남자'가 아니라고 여겨지며 굴욕을 당하기 일쑤다.

그러니 이런 굴욕을 당하지 않기 위해 폭력적이고 위험천만의 행동을 감행함으로써
그들의 '남성성'을 무리하게 선보이기도 한다.

여자애들 사이에선 이런 일이 별로 없다.
아주 어려서부터 여자아이들의 공격성은 제약을 받기 때문이다.

공격성은 옳지 않다는 것을 항상 확인시켜 주면서 여자들은 순하고 부드러워야 한다고 말한다.

어른이 되면 또 어떤가. 화를 내는 여자들은 너무 감정적이고 비합리적인 여자라고 손가락질을 하지 않는가?

왜냐, 여자가 화를 내는 것은 정상적이지 않다고 받아들이기 때문이다.

이런 고정 관념은 쉽게 변하지 않을 것이다… 왜냐, 여자는 생리를 하니까.

아니면 다른 문제가 있거나…

문제는 항상 우리 머릿속에 혹은 우리 몸속에 있다고 한다. 외부 환경 때문이 아니라고 한다.

신경질을 내는 여자들을 일컫는 단어까지 만들어 냈다.

이를테면 '히스테리 부린다'라는 표현을 들 수 있겠다. 여기서 히스테리는 'uterus',

즉 자궁이란 단어에 어원이 있는 것으로, 우리 여자들만을 위해 만들어졌다는 사실!

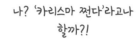

야, 그럼 네가 화를 내거나
신경질 부릴 땐 뭐라고 하냐?

나? '카리스마 쩐다'라고나
할까?!

그뿐인가, 아주 예전에는 집안일 하기를 거부하는 여자들에게

심술궂다는 둥 악녀라는 둥 뻘소리를 해대기도 했으니!

왜 얼굴에 짜증이
가득이야?

뭐야, 또 히스테리 부리는
'그때'인가?

우리는 히스테리를 부린다는 소리를 듣고 싶지도 않다.

짜증 나는 여자라는 말도 싫다. 그러니 그냥 입을 다물게 되는 것이다…

아니면 화가 났다는 걸 직접적으로 표현하지 않고 비이이이잉 둘러서 말하기도 한다.

가끔은 우리가 느끼는 것의 정반대의 말을 하기도 한다.

물론 서로 소리를 지르며 싸우도록 하는 게 내 목적이 아니다.

자신의 화를 다스리는 것은 화를 참으라는 말이 아니다!

화를 참으면 이놈은 사라지는 게 아니라 부메랑처럼 다시 돌아와 뒷목을 후려갈기니 말이다⋯

무례하게 굴거나 자꾸 도발을 한다거나,
말로든 행동으로든 폭력을 가하는 것에 대해 화를 내는 건 아주 정상적인 반응이다.

오, 아가씨!
티팬티를 입지 그랬어,
엉덩이에 팬티 자국이
나잖아!

진짜 있었던 일.
내가 식당에서 알바를 할 때
한 손님이 나에게
이런 말까지 했었다.

그러니 화가 나는 걸 참아 버릇하면 공격을 받아도 온몸이 마비되어 아무것도 못 하는 상황이 될 수도 있다.

...

음, 좋아...

왜냐, 우리가 취하게 되는 방어 태세에 더 이상 신뢰가 안 가기 때문이다.

우리는 매일같이 스스로를 방어하고 보호하라는 내면의 소리와 만일 그랬을 경우
히스테리 좀 그만 부리라는 외부의 질타 사이에서 아슬아슬 줄타기를 하고 있다.

어쩌면 평생을 이 줄타기를 하고 있는지도 모르겠다. 가정에서, 사회에서, 회사에서…

이 사실은 정치 세계에서는 더욱 더 명백해진다. 이를테면 남성 정치인들은 소리를 지르고 욕을 해댄다.

이렇게 해도 인상 쓰는 얼굴이 지못미네 뭐네, 히스테리를 부리네 마네 하는 비판은 피해 간다는 말이다.
오히려 사람들을 더 설득하고 지지하게 만들기까지 한다.

그러나 여성 정치인들은 다르다. 이렇게 할 수가 없다.

도널드 트럼프를 지지하는 한 여성의 인터뷰를 본 적이 있는지?

여성 정치인들은 이런 고정 관념이 넘치는 현실을 받아들일 수밖에 없다.
그러니 그 누구도 고래고래 소리를 지르거나 울부짖지는 않을 거라는 말이다.

남성 정치인이 화를 내면 카리스마 쩐다고 하지만 여성 정치인이 그러면 신용을 잃게 된다.
그걸 남성 정치인들은 또 잘 안다!

이와 관련하여 눈에 띄는 연구가 하나 있어 소개하고자 한다.

2015년, 남녀 대학생 200명을 대상으로 모의 재판을 해 봤다. 이 남녀 대학생들은

증거 사진을 보고

증언을 듣고

변호사의 논증도 들었다.

그리고 네 명의 배심원의 의견을 접할 수 있었다.

그들 중 셋은 같은 의견이고, 한 사람은 다른 의견을 갖고 있었다.

나머지 사람들과 의견을 달리하는 네 번째 배심원은

느낌표와 대문자를 써 가며 자신의 분노를 표현했다.

사실 진짜 배심원들이 있는 것이 아니었다.

이미 정해진 내용을 컴퓨터 화면에 입력해서

보여 줬을 뿐이다. 어쨌든 이 실험에 참여한

모든 학생들은 화가 난 네 번째 배심원의

글을 똑같이 읽었다.

단, 한 가지 변수가 있었으니…

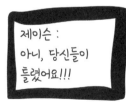

어떤 학생들에게는

이 네 번째 배심원의 이름이

제이슨으로 소개되었고…

또 어떤 학생들에게는

알리시아로 소개되었다…

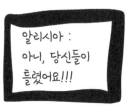

실험이 끝나고 결과를 확인해 보니 18%의 학생들이
'화가 난 제이슨'의 말을 듣고 생각을 바꿨다는 것이다…

당연한 결과!

내가 아무리 컴퓨터
화면에만 존재한다고 해도…
이건 좀 아닌 것 같아.

알리시아가
설득한 이는 0명!

이게 끝이 아니다. 오히려 화를 내는 알리시아 때문에 실험에 참여한 학생들은
자신들이 처음에 가졌던 의견을 더욱 더 확고하게 굳혔다는 사실!

이런 사실이 시사하는 바를
깨달았을 때 나는…

내가 느끼는 감정을
제대로 표현하고 내가 덜
상처받을 수 있도록 해 주는
몇 가지 규칙을 세우게 되었다.

어떤 사람이 나를 불편하게 하면 나도 그 사람을 불편하게 만든다.

언성을 높이지도 않고 짜증을 내지도 않지만 한 치의 양보도 없다.

상대방의 농담에 함께 웃어 주지 않는 것일 수도 있고,

상대방의 행동이 나에게 불편하다는 사실을 침착하게 말하는 것일 수도 있다.

직장에서도 그렇고 활동가로서 운동을 할 때도 그렇고 나에게 공격을 해대는 남자들이 많다.
하지만 나도 똑같이 하면 히스테리 부리는 여자로 낙인찍힌다는 것을 잘 안다.

그러니 나는 아주 침착하게 내 불만 사항을 말한다.

이렇게 대응하면 대부분의 경우 상대방도 약간 누그러진다. (물론 안 그런 경우도 있다…)

그리고 나는 내가 직접 나서서 이런 불편한 상황을 종결시켜 버린다.

이런 대화를 계속해서
좋을 게 없을 것 같군요.

물론 어떨 때는 이런 방식을 적용하는 게 어려울 때도 있다. 하지만 이것이야말로
자신의 메시지를 전달하는 가장 좋은 방법이라고 생각한다.
문제는 상대방도 나와 같은 생각을 가졌을 때 이 방식이 통한다는 거다…

내가 공격을 하고 있다고욧?
무슨 소리! 진짜 공격적인 게 누군데욧?
페미니스트들이란 말이욧!

이는 단기적으로 봤을 때
통하는 방법이라고 볼 수 있다.

우리 아이들에게 제대로
교육을 시키는 것이다.

장기적으로는 어떻게 해야 할까?
'화'라는 것이 나쁜 것만은 아니며
필요한 감정이라고

그 감정을 효과적으로
표현하는 방법을 제대로
가르치자는 말이다.

그리고 공격적인 여성을
마주했을 때 이렇게
생각해 보기 바란다.

만일 남자가 이렇게
공격적으로 나와도 똑같은
반응을 보일 것인가?

이렇게 '다른 시선'으로
현상을 보려는 노력…
꽤 괜찮지 않은가?

다른 시선 2

슈퍼우먼 방지를 위한 페미니즘 매뉴얼

1판 1쇄 인쇄 | 2018년 8월 7일
1판 1쇄 발행 | 2018년 8월 17일

글쓴이 | 엠마
옮긴이 | 강미란
펴낸이 | 한소원
펴낸곳 | 우리나비

등   록 | 2013년 10월 25일(제387-2013-000056호)
주   소 | 경기도 부천시 원미구 원미로 18번길 11
전   화 | 070-8879-7093
팩   스 | 02-6455-0384
이메일 | michel61@naver.com

ISBN 979-11-86843-26-0 03330
★ 책값은 뒤표지에 있습니다.

이 도서의 국립중앙도서관 출판시도서목록(CIP)은 서지정보유통지원시스템
홈페이지(http://seoji.nl.go.kr)와 국가자료공동목록시스템(http://www.nl.go.kr/kolisnet)에서
이용하실 수 있습니다.(CIP 제어번호: CIP2018024123)